BEI GRIN MACHT SICH IHR WISSEN BEZAHLT

AF167231

- Wir veröffentlichen Ihre Hausarbeit,
  Bachelor- und Masterarbeit

- Ihr eigenes eBook und Buch -
  weltweit in allen wichtigen Shops

- Verdienen Sie an jedem Verkauf

Jetzt bei www.GRIN.com hochladen und kostenlos publizieren

Anforderungsprofil und Trainingsplanung der Saisonvorbereitung im professionellen Männerhandball. Besondere Berücksichtigung der Spielpositionen Rückraum und Außen

Eray Erdem

Bibliografische Information der Deutschen Nationalbibliothek:

Die Deutsche Nationalbibliothek verzeichnet diese Publikation in der Deutschen Nationalbibliografie; detaillierte bibliografische Daten sind im Internet über http://dnb.d-nb.de abrufbar.

ISBN: 9783346574336
Dieses Buch ist auch als E-Book erhältlich.

© GRIN Publishing GmbH
Nymphenburger Straße 86
80636 München

Druck und Bindung: Books on Demand GmbH, Norderstedt Germany
Gedruckt auf säurefreiem Papier aus verantwortungsvollen Quellen

Das Buch bei GRIN: https://www.grin.com/document/1165655

Anforderungsprofil und Trainingsplanung der Saisonvorbereitung im professionellen Männerhandball unter besonderer Berücksichtigung der Spielpositionen Rückraum und Außen

Inhaltsverzeichnis

1   Einleitung

Der Handballsport zählt aufgrund seines hohen Spieltempos und häufigen Wechsels zwischen Abwehr und Angriff zu den schnellsten Mannschaftssporten (vgl. Karcher & Buchheit, 2014). Neben der hohen läuferischen Belastung zeichnet sich die Sportart außerdem durch viele Sprünge, Sprints, Richtungswechsel, Zweikämpfe mit Körperkontakt und Würfe aus. Dementsprechend sind sowohl die technischen als auch die konditionellen Anforderungen an die Spielerinnen und Spieler hoch, um auf höchstem Niveau zu spielen. Die Analyse der leistungsdeterminierenden Faktoren im Handball, die den Unterschied zwischen hochklassigen und niedrigklassigen Athletinnen und Athleten ausmachen, ist ein laufender Prozess in der Wissenschaft und in der Praxis (vgl. Nikolaidis & Ingebrigtsen, 2013). Wie in jeder anderen Mannschaftsportart auch, existieren im Handball unterschiedliche Anforderungen an die einzelnen Spielpositionen (vgl. Milanović, Vuleta & Vučetić, 2015). Aufgrund dieser Unterschiede scheint es nahe zu liegen, die positionsspezifischen Anforderungen in der Trainingspraxis zu berücksichtigen, um die optimale Mannschaftsleistung im Wettkampf zu erzielen.

Im Rahmen dieser Arbeit werden die unterschiedlichen Anforderungsprofile männlicher Handballprofis auf der Rückraum- und Außenposition analysiert. In diesem Zusammenhang werden sowohl anthropometrische als auch konditionelle Faktoren berücksichtigt. Hinsichtlich der konditionellen Anforderungen wird der Fokus auf die motorischen Hauptbeanspruchungsformen Kraft und Schnelligkeit gelegt.

Im zweiten Teil der Arbeit erfolgt die Planung eines differenzierten Konditionstrainings angepasst an die einzelnen Spielpositionen. Das Hauptaugenmerk liegt dabei auf Kraft und Schnelligkeit. Zunächst werden unterschiedliche Periodisierungsmodelle einander gegenübergestellt und auf ihre Anwendbarkeit im Handball geprüft. Im Anschluss daran wird ein 8-wöchiger Trainingsplan in der Saisonvorbereitung einer professionellen Handballmannschaft erstellt. Darauf folgt die Planung einer Trainingswoche sowie eines Trainingstages. Abgeschlossen wird die Arbeit mit einem Fazit.

2   Anforderungsprofil im Profihandball

2.1   Belastung

Bei einem Handballspiel treten zwei Mannschaften bestehend aus je 7 Spielern (6 Feldspieler und 1 Torwart) über eine Dauer von 60 Minuten aufgeteilt in zwei Halbzeiten gegeneinander an. Gespielt wird auf einem 40 x 20 m großen Feld in der Halle. Die Belastungsstruktur während der Spielzeit ist positionsspezifisch. Analysen über die Laufleistungen, Einsatzzeiten sowie Aktivitäten von Rückraum- und Außenspielern im Wettkampfspielbetrieb zeigen teils signifikante Unterschiede zwischen diesen Positionen.

In ihrer Studie haben Michalsik und Kollegen (2013) 62 Spiele in der 1. Dänischen Handballliga und im Dänischen Pokalwettbewerb untersucht. Dabei fanden die Autoren heraus, dass Rückraumspieler mit einer Spieldauer von durchschnittlich 54:43

± 5:31 Minuten länger auf dem Platz sind als Außenspieler (52:48 ± 5:24 Minuten). Darüber hinaus erzielen Rückraumspieler mit 3.765 ± 532 m höhere Laufleistungen als Außenspieler (3.641 ± 501 m). Im Vergleich der durchschnittlichen Geschwindigkeit pro Spiel, bei der die Zeit im Stehen nicht berücksichtigt wurde, erreichen Außenspieler mit 6,45 ± 0,95 km/h höhere Geschwindigkeiten als Rückraumspieler (6,37 ± 0,91 km/h) (vgl. Michalsik, Aagaard & Madsen, 2013). Während die höheren Laufleistungen von Rückraumspielern im Vergleich zu Außenspielern in der 1. Portugiesischen Liga bestätigt werden konnten, zeigte sich bei der Handball-Weltmeisterschaft der Männer 2015 ein gegensätzliches Bild (vgl. Póvoas, Ascensão, Magalhães, Seabra, Krustrup, Soares & Rebelo, 2014; Cardinale et al., 2017). Auch bei der Weltmeisterschaft 2007 erreichten Außenspieler die höchsten Laufleistungen, was allerdings daran lag, dass die Außenspieler die höchsten Einsatzminuten erhielten und seltener gewechselt wurden (vgl. DHB, 2009, S. 24f.). Bei der Betrachtung der Laufleistung pro Minute hingegen erzielten Rückraumspieler die höchsten Werte (vgl. ebd.). Eine mögliche Begründung könnte darin liegen, dass sich die nationalen Liga-Wettbewerbe und Weltmeisterschaften taktisch voneinander unterscheiden.

Die Analyse der läuferischen Belastungsstruktur im Handball zeigt ebenfalls positionsspezifische Unterschiede. Sowohl in der Offensive als auch in der Defensive laufen Außenspieler häufiger im hohen Intensitätsbereich als Rückraumspieler (vgl. Michalsik et al., 2013). Laut Michalsik und Aagaard (2015) laufen Außenspieler 10,9 % der Gesamtdistanz pro Spiel im hoch intensiven Bereich, wohingegen dieser Wert bei Rückraumspielern nur bei 6,2 % liegt (vgl. Michalsik & Aagaard, 2015). In Bezug auf die Sprinthäufigkeit absolvieren Außenspieler durchschnittlich 51 Sprints pro Spiel, Rückraumspieler hingegen nur 28 (vgl. Karcher & Buchheit, 2014). Auch die zurückgelegten Sprintstrecken sind bei Außenspielern signifikant länger. Vergleicht man die längsten Sprints zwischen Außen- und Rückraumspielern, so legen Außenspieler im Durchschnitt 15 - 18 m und Rückraumspieler ca. 8 m zurück (vgl. Karcher & Buchheit, 2014). Die größeren Sprintanteile von Außenspielern lassen sich auf ihr taktisches Anforderungsprofil vor allem in der 1. und 2. Welle des Tempospiels zurückführen (vgl. DHB, 2009, S. 24). Aufgrund ihrer zentralen Position in der Offensive sind Spieler auf der Rückraumposition häufiger in Bewegung und weisen einen ebenfalls höheren Anteil an Seitwärtsbewegungen auf als Außenspieler (vgl. Michalsik et al., 2013). In Bezug auf die läuferische Belastung kommen Póvoas et al. (2014) zu ähnlichen Ergebnissen wie Michalsik und Kollegen (vgl. Póvoas et al., 2014). In beiden Studien wird deutlich, dass die läuferische Belastung auf der Außenposition insgesamt variabler ist.

Tab. 1: *Läuferische Belastungsstruktur in der Offensive und in der Defensive von Rückraum- und Außenspielern unterteilt in 8 Bewegungskategorien (in Anlehnung an Michalsik et al., 2013).*

	Offensivaktionen im gesamten Spiel			
	Rückraumspieler (n = 41)		Außenspieler (n = 23)	
	%-Anteil der Gesamtspielzeit	%-Anteil der Gesamtlaufstrecke	%-Anteil der Gesamtspielzeit	%-Anteil der Gesamtlaufstrecke
Stehen	25,8	0,0	31,1	0,0
Gehen	48,5	42,7	48,8	46,7
Joggen	9,9	17,2	6,0	11,5
Laufen	4,5	12,8	3,7	11,6
Schnelles Laufen	1,3	4,7	1,8	7,3
Sprint	0,3	1,6	0,8	5,0
Seitwärtsbewegungen	7,2	15,5	5,0	11,2
Rückwärtslaufen	2,5	5,5	2,8	6,7
Total	100,0	100,0	100,0	100,0
	Defensivaktionen im gesamten Spiel			
	Rückraumspieler (n = 41)		Außenspieler (n = 23)	
	%-Anteil der Gesamtspielzeit	%-Anteil der Gesamtlaufstrecke	%-Anteil der Gesamtspielzeit	%-Anteil der Gesamtlaufstrecke
Stehen	44,4	0,0	39,7	0,0
Gehen	32,3	35,4	34,5	33,7
Joggen	8,6	18,6	9,1	17,1
Laufen	4,0	14,1	5,4	17,2
Schnelles Laufen	1,0	4,6	1,6	6,8
Sprint	0,2	1,6	0,4	2,7
Seitwärtsbewegungen	8,4	22,7	8,2	19,8
Rückwärtslaufen	1,1	3,0	1,1	2,7
Total	100,0	100,0	100,0	100,0

Bezogen auf die läuferische Belastung ändert sich alle 5,6 Sekunden die Bewegungsaktivität der Spieler (vgl. Póvoas, Seabra, Ascensao, Magalhaes, Soares & Rebelo, 2012). Dabei liegen durchschnittlich ca. 55 Sekunden zwischen der höchsten und niedrigsten Belastungsintensität (vgl. ebd.). Eine positionsspezifische Differenzierung wurde hier allerdings nicht vorgenommen.

Zusätzlich zur Laufbelastung der Spieler ist das Handballspiel außerdem geprägt von weiteren physisch intensiven Spielaktionen wie Sprüngen, Zweikämpfen mit hartem Körperkontakt oder Würfen. Sowohl Michalsik (siehe Tab. 2) als auch Póvoas et al. (siehe Tab. 3) haben die Spielaktionen in ihren Studien positionsspezifisch analysiert. In beiden Untersuchungen konnte festgestellt werden, dass Rückraumspieler mit 10,3 bis 10,5 Würfen pro Spiel deutlich häufiger zu Torabschlüssen kommen als Außenspieler (4,3 - 6,0 Würfe pro Spiel) (vgl. Michalsik, 2018; Póvoas et al., 2014). In Bezug auf Tempogegenstöße wird diese Angriffstaktik deutlich häufiger von Außenspielern (8,90 pro Spiel) als von Rückraumspielern (3,40 pro Spiel) gelaufen (vgl. Michalsik, 2018). Sowohl in der Offensive als auch in der Defensive haben Rückraumspieler signifikant höheren Körperkontakt mit gegnerischen Spielern als Außenspieler, was sich durch höhere Werte bei harten und leichten Tacklings, Klammern, Sperren und Blocks ausdrückt (vgl. ebd.).

Tab. 2: *Positionsspezifische Offensiv- und Defensivaktionen pro Spiel (in Anlehnung an Michalsik, 2018).*

Aktionen	Rückraumspieler (n = 41)		Außenspieler (n = 23)	
	Offensive	Defensive	Offensive	Defensive
	Anzahl pro Spiel		Anzahl pro Spiel	
Spielzeit (Minuten)	26,02 ± 3,10	28,70 ± 2,80	26,52 ± 3,55	26,28 ± 2,40
Offensiv-Durchbrüche	1,80 ± 1,30		1,20 ± 1,20	
Tempogegenstöße	3,40 ± 3,20		8,90 ± 3,10	
Technische Fehler	1,50 ± 1,70		1,20 ± 0,90	
Harte Tacklings	7,50 ± 2,70	6,00 ± 3,30	4,30 ± 2,10	4,90 ± 3,30
Leichte Tacklings	22,20 ± 10,0	25,20 ± 7,30	10,60 ± 2,30	14,60 ± 5,90
Klammern	2,10 ± 1,50	3,50 ± 2,00	1,20 ± 0,90	1,30 ± 1,10
Sperren	2,20 ± 4,30	6,30 ± 3,70	0,40 ± 0,70	0,90 ± 1,50
Würfe	10,50 ± 3,40		6,00 ± 2,50	
Torquote (%)	42,00 ± 14,60		46,90 ± 23,90	
Blocks		4,90 ± 2,80		0,20 ± 0,40
Defensivfehler		3,70 ± 2,30		3,00 ± 2,20

In der Angriffs- wie auch in der Abwehrarbeit lassen sich bei Rückraumspielern eine höhere Anzahl an Stopps, Richtungswechsel und 1-gegen-1 Situationen beobachten als bei Außenspielern (vgl. Póvoas et al., 2014). Darüber hinaus erreichen Rückraumspieler mit 19,1 Sprüngen pro Spiel erheblich höhere Werte als Außenspieler (8,2 Sprünge pro Spiel) (vgl. ebd.).

Tab. 3: *Positionsspezifische Aktionen pro Spiel (in Anlehnung an Póvoas et al., 2014).*

Aktionen	Rückraumspieler (n = 10)	Außenspieler (n = 10)
Sprünge	19,1 ± 5,2	8,2 ± 2,9
Würfe	10,3 ± 4,4	4,3 ± 1,8
Stopps im Angriff	19,0 ± 5,1	7,7 ± 4,0
Stopps in der Abwehr	19,2 ± 1,0	11,7 ± 4,1
Gesamtanzahl Stopps	38,2 ± 9,2	19,1 ± 6,9
Richtungswechsel im Angriff	19,0 ± 5,1	7,4 ± 3,7
Richtungswechsel in der Abwehr	19,2 ± 10,0	11,2 ± 4,4
Gesamtanzahl Richtungswechsel	37,9 ± 9,2	18,4 ± 6,7
1-gegen-1 Situationen im Angriff	6,3 ± 3,7	1,6 ± 1,1
1-gegen-1 Situationen in der Abwehr	12,9 ± 6,6	4,1 ± 2,5
Gesamtanzahl 1 gegen 1 Situationen	18,9 ± 6,6	5,6 ± 2,3

Zusammenfassend lässt sich in Bezug auf die positionsspezifische Belastung im Handball festhalten, dass Außenspieler hinsichtlich der läuferischen Belastung ein intensiveres Aktivitätsprofil aufweisen als Rückraumspieler. Im Gegensatz dazu werfen Rückraumspieler wesentlich häufiger auf das gegnerische Tor und führen deutlich mehr Zweikämpfe als Außenspieler.

2.2   Beanspruchung

Das moderne Handballspiel zeichnet sich vor allem durch seinen intermittierenden Belastungscharakter aus. Allerdings existieren derzeit nur wenige Untersuchungen, die sich mit der individuellen physiologischen Beanspruchung von professionellen Handballspielern beschäftigt haben (vgl. Karcher & Buchheit, 2014).

Michalsik et al. (2011) konnten in ihrer Untersuchung männlicher Handballprofis eine durchschnittliche Herzfrequenz von 163,1 ± 5,3 Schlägen pro Minute ermitteln. Basierend auf der Herzfrequenz berechneten die Autoren die relative Sauerstoffaufnahme. Bei diesem Verfahren kamen sie zu dem Ergebnis, dass Außenspieler (73,15 % der $\dot{V}O_{2max}$) im Durchschnitt eine höhere relative Beanspruchung der individuellen $\dot{V}O_{2max}$ aufweisen als Rückraumspieler (67,92 % der $\dot{V}O_{2max}$). Karcher und Buchheit legen jedoch nahe, dass die Validität der $\dot{V}O_2$ Bestimmung basierend auf der Herzfrequenz streng limitiert ist, da handballspezifische Bewegungen und Muskelkontraktionen die Herzfrequenz unabhängig vom aktuellen Sauerstoffbedarf beeinflussen können. In der Studie von Michalsik und Kollegen wurden außerdem die Blutlaktatkonzentrationen (BLK) der Spieler gemessen. Vor dem Spiel betrug die durchschnittliche BLK 1,49 mmol/l, in der Halbzeit 3,73 mmol/l und nach dem Spiel 4,82 mmol/l. Eine Differenzierung nach Positionen erfolgte dabei nicht (vgl. Michalsik et al., 2011; Karcher & Buchheit, 2014).

2.3 Anthropometrische Eigenschaften

Im Handball stellen der Körperbau und die Konstitution wesentliche leistungsbestimmende Faktoren dar. Dazu zählen insbesondere die Körpergröße, das Körpergewicht und der Körperfettanteil. In der sportwissenschaftlichen Literatur finden sich viele Beiträge zur Anthropometrie männlicher Handballspieler auf höchstem Leistungsniveau. Dabei sind sich die Autoren einig, dass eine höhere Körpergröße und ein höheres Körpergewicht bei geringerem Körperfettanteil in dieser Sportart von Vorteil sind (vgl. Gorostiaga, Granados, Ibáñez & Izquierdo, 2005; Lidor, Falk, Arnon, Cohen, Segal & Lander, 2005; Ziv & Lidor, 2009; Ingebrigtsen et al., 2012). Erfolgreichere Mannschaften sind im Allgemeinen größer, schwerer und verfügen über einen geringeren Körperfettanteil als Mannschaften die weniger erfolgreich sind (vgl. Hasan, Rahaman, Cable & Reilly, 2007). Die Bedeutung des Körperbaus als leistungsdeterminierender Faktor im Handball lässt sich auch daran erkennen, dass anthropometrische Parameter bei der Talentsichtung des Deutschen Handballbundes erfasst werden und dabei insbesondere die Körpergröße als ein wichtiges Talentkriterium gilt (vgl. Nowak, Pfänder, Pabst & Büsch, 2013). Vergleicht man männliche Handballspieler untereinander, so konnten diverse Studien zeigen, dass sie sich in Abhängigkeit von der Spielposition in Bezug auf anthropometrische Merkmale signifikant voneinander unterscheiden (siehe Tab. 4).

Tab. 4: *Vergleich anthropometrischer Merkmale zwischen Rückraum- und Außenspielern im professionellen Männerhandball.*

Autoren	Stichprobe	Spiel-position	Lebensalter (Jahre)	Körper-größe (m)	Körper-ge-wicht (kg)	Körper-fett-anteil (%)
Sporis et al., 2010	Kroatische Profihandbal-ler (n = 92)	RR A	26,2 ± 3,7 25,3 ± 4,2	1,97 ± 0,05 1,84 ± 0,06	96,7 ± 5,4 89,1 ± 6,5	8,7 ± 2,0 13,2 ± 3,3
Michal-sik et al., 2011	Dänische Erstligaspieler (n = 191)	RR A	25,8 ± 3,6 24,9 ± 3,9	1,92 ± 0,05 1,84 ± 0,06	94,7 ± 7,1 84,5 ± 5,8	-
Póvoas et al., 2014	Portugiesi-sche Erst-ligaspieler (n = 40)	RR A	25,7 ± 4,1 24,6 ± 2,8	1,91 ± 5,6 1,77 ± 5,0	89,8 ± 7,4 80,5 ± 6,1	8,9 ± 1,5 10,5 ± 3,2
Krüger et al., 2016	Deutsche Erstligaspieler (n = 35)	RR A	-	1,93 ± 0,05 1,83 ± 0,03	95,2 ± 8,7 82,5 ± 3,8	-

RR = Rückraumspieler, A = Außenspieler.

Im europäischen Handball der Männer sind Rückraumspieler im Durchschnitt älter (25,7 – 26,2 Jahre), größer (1,91 - 1,97 m) und schwerer (89,8 - 96,7 kg) als Außen-spieler. Im Vergleich zu Rückraumspielern weisen Außenspieler einen höheren Kör-perfettanteil (10,5 - 13,2 %) auf. Insbesondere durch diverse Regeländerungen in den letzten Jahrzehnten ist das moderne Handballspiel schneller und intensiver ge-worden, was dazu führte, dass vor allem männliche Handballspieler heutzutage grö-ßer und athletischer sind als noch vor 30 Jahren (vgl. Michalsik, 2018).

2.4 Konditionelle Leistungsfähigkeit

Neben anthropometrischen Anforderungen stellen die Sprintfähigkeit, Sprungkraft und Wurfkraft wichtige Leistungsvoraussetzungen eines Spitzenhandballers dar (vgl. Krüger, Pilat, Tirekoglou, Frech & Mooren, 2016). Diese Parameter wurden im Rah-men einer Studie von Michalsik, Aagard und Madsen (2013) auf positionsspezifische Unterschiede hin untersucht. Dabei erzielten Außenspieler sowohl im Counter Mo-vement Jump (CMJ) als auch im Jump and Reach Test höhere Sprungwerte als Rückraumspieler (vgl. Michalsik, 2018). Auch in den Sprints über 30 m waren Au-ßenspieler besser als Rückraumspieler. Rückraumspieler wiederum hatten eine hö-here Wurfstärke als Spieler auf der Außenposition. Die Ergebnisse der Studie sind in Tab. 5 zusammengefasst.

Tab. 5: *Vergleich ausgewählter Fitnessparameter zwischen Rückraum- und Außenspielern im professionellen Männerhandball (in Anlehnung an Michalsik. 2018).*

	Rückraumspieler (n = 7)	Außenspieler (n = 9)
CMJ Höhe (cm)	42,10 ± 4,30	46,40 ± 3,50
Jump and Reach (m)	0,70 ± 0,75	0,75 ± 0,71
30 m-Sprint (s)	4,11 ± 0,12	4,05 ± 0,12
Schlagwurf (km/h)	92,30 ± 7,10	88,60 ± 5,50

2.5 Konditionelle Anforderungen

Zur Bestimmung der konditionellen Voraussetzungen im Handball rücken die motorischen Hauptbeanspruchungsformen Ausdauer, Kraft, Schnelligkeit und Beweglichkeit in den zentralen Blickpunkt. Tab. 6 gibt einen Überblick über die konditionellen Anforderungen im Handball. Im weiteren Verlauf dieser Arbeit wird vornehmlich auf die konditionellen Fähigkeiten Kraft und Schnelligkeit eingegangen.

Tab. 6: *Konditionelle Anforderungen im Handball (in Anlehnung an Weber, 2014, S. 33).*

Kraft	Schnelligkeit	Ausdauer	Beweglichkeit
Schnellkraft / Explosivkraft (Beschleunigungskraft in Form von Sprintkraft, Sprung-, Wurf-, Schusskraft)	Zyklische Bewegungsschnelligkeit (Sprint)	Grundlagenausdauer	Dynamische Beweglichkeit
Spezifische Beinkraft (Stoppen, Richtungswechsel)	Azyklische Bewegungsschnelligkeit	Spielspezifische Ausdauer: - anaerob alaktazid - anaerob laktazid	
Reaktivkraft (Sprünge, Würfe)	Reaktionsschnelligkeit (Reagieren, Antizipieren)	Kraftausdauer	
Statische / Dynamische Rumpfkraft	Startschnelligkeit		
Maximalkraft			

Im Handball zeigt sich ein heterogenes Bild in Bezug auf die Belastung auf den einzelnen Spielpositionen. Dadurch ergeben sich unterschiedliche, positionsspezifische konditionelle Anforderungen.

Auf der Rückraumposition werden die häufigsten Würfe auf das Tor abgegeben (vgl. Karcher & Buchheit, 2014). Gleichzeitig erzielen Rückraumspieler die höchsten Wurfgeschwindigkeiten (vgl. Michalsik, 2018). Darüber hinaus sind sie Spezialisten für Distanzwürfe und steigen beim Wurf häufig über die gegnerische Deckung (vgl. Zapartidis, Kororos, Christodoulidis, Skoufas & Bayios, 2011). Die Wurfkraft spielt demzufolge eine größere Rolle für Rückraumspieler als für Außenspieler.

Nach Póvoas et al. führen Rückraumspieler mehr als doppelt so häufig Sprünge pro Spiel aus als Außenspieler (siehe Tab. 3). Dies lässt sich vermutlich dadurch erklären, dass Rückraumspieler sowohl signifikant häufiger auf das Tor werfen als auch signifikant häufiger blocken. Auch die Außenposition erfordert eine hohe Sprungkraft, da Außenspieler meist von außen in den 6-m-Raum hineinspringen, um sich beim Wurf in eine möglichst gute Wurfposition zu bringen an (vgl. Weber, 2014, S. 204; Zapartidis et al., 2011). Bezogen auf Stoppbewegungen und Richtungswechsel erzielen Rückraumspieler im Vergleich zu Außenspielern durchschnittlich ca. doppelt so hohe Werte pro Spiel. Insgesamt ergeben sich für Rückraumspieler erhöhte Anforderungen an die Bein- und Sprungkraft.

Sowohl in der Defensive als auch in der Offensive führen Rückraumspieler die meisten Zweikämpfe. Folglich ist auf dieser Position eine ausgeprägte Rumpfkraft von hoher Bedeutung. Die höheren Kraftanforderungen an Rückraumspieler spiegeln sich auch in ihrem niedrigeren Körperfettanteil wieder. Dadurch, dass Außenspieler eher selten in 1-gegen-1 Situationen verwickelt sind, spielt die Muskelkraft auf dieser Position eine geringere Rolle. Von großer Bedeutung jedoch ist ihre Sprintfähigkeit. Durchschnittlich absolvieren Außenspieler pro Spiel die meisten Sprints und legen dabei die längsten Strecken zurück. Dabei gehören Tempogegenstöße zu ihren zentralen Aufgaben. Begünstigt durch ihre geringere Körpergröße und ihr geringeres Gewicht gehören Außenspieler zu den schnellsten Spielern innerhalb ihrer Mannschaft (siehe Tab. 5). Neben der Sprintschnelligkeit spielt für sie allerdings auch die Sprintausdauer eine wichtige Rolle, da sie pro Spiel eine hohe Anzahl an Sprints zurücklegen und sich möglichst schnell zwischen diesen intensiven Laufbelastungen erholen müssen. Die Sprintschnelligkeit ist für Rückraumspieler vorwiegend auf kurzen und mittleren Strecken relevant, jedoch ist die Bedeutung des Sprints auf dieser Position grundsätzlich geringer als für Außenspieler.

3 Trainingsplanung

3.1 Periodisierung

Für die gezielte Herausbildung der sportlichen Leistungsfähigkeit wird der Trainingsprozess einer zyklisch sich wiederholenden Periodisierung unterworfen (vgl. Hottenrott & Seidel, 2017, S. 91; Weineck, 2010, S. 91). Die Periodisierung bezeichnet die phasenförmige Veränderung von Teilzielen, Inhalten und Methoden sowie die Organisation des Trainings im Jahreszyklus (vgl. Steinhöfer, 2008, S. 357). Periodisierungsmodelle beruhen auf der Grundlage, dass die sportliche Form nicht dauerhaft aufrechterhalten werden kann und somit Schwankungen unterliegt (vgl. Weineck, 2010, S. 91). Die Überlegungen zur Periodisierung des sportlichen Trainings gehen auf den Trainingswissenschaftler Matwejew zurück (vgl. Olivier, Marschall & Büsch, 2008, S. 65). Matwejew hat das Trainingsjahr in eine Vorbereitungsperiode, eine Wettkampfperiode und eine Übergangsperiode gegliedert (vgl. Steinhöfer, 2008, S. 357). In der Vorbereitungsperiode erfolgt die Herausbildung der sportlichen Form (vgl. Weineck, 2010, S. 91). Zu Beginn dieser Phase wird der Schwerpunkt auf die Entwicklung grundlegender und allgemeiner Leistungsvoraussetzungen (Grundlagenausdauer, allgemeine Ausdauer, Kraft, allgemeine Motorik) gelegt (vgl. Hottenrott & Seidel, 2017, S. 93). Die Belastungsumfänge werden kontinuierlich gesteigert (vgl. Olivier et al., 2008, S. 74). Anschließend folgt in der speziellen Vorbereitungsperiode zunehmend spezifisches und semispezifisches Training (vgl. ebd.). Hierbei erfolgt die Erhöhung der Belastungsintensität während die Belastungsumfänge reduziert werden (vgl. Olivier et al., 2008, S. 74). Die Wettkampfperiode dient der Weiterentwicklung der sportlichen Form durch Wettkampfteilnahme (vgl. Weineck, 2010, S. 91). Wettkämpfe ermöglichen die Entwicklung und Stabilisierung der individuellen Höchstform (vgl. ebd., S. 92). Die Belastungsintensität wird in der Wettkampfperiode weiter erhöht (vgl. Olivier et al., 2008, S. 74). Die Übergangsperiode ist von aktiver

Erholung und Regeneration sowie dem Verlust der sportlichen Form gekennzeichnet ist (vgl. ebd.). Matwejews Konzept zielte ursprünglich auf das Training in Individual-sportarten (Gewichtheben, Leichtathletik, Schwimmen) ab und orientierte sich dabei an der Wettkampfpraxis der 60er Jahre (vgl. Steinhöfer, 2008, S. 362). In den Folge-jahren wurde sein Periodisierungsmodell weiterentwickelt und auf andere Sportarten übertragen (vgl. Hottenrott & Seidel, 2017, S. 92). Abhängig von der Sportart und dem dort vorgegebenen Wettkampfkalender mit einer unterschiedlichen Anzahl an Wettkampfhöhepunkten innerhalb eines Jahreszyklus muss das Modell der Einfach-periodisierung entsprechend angepasst werden (vgl. ebd.). Heute unterscheidet man zwischen Einfach-, Doppel-, Dreifach- und Mehrfachperiodisierungen (vgl. ebd.). Eine Erweiterung der klassischen Periodisierung nach Matwejew stellt die soge-nannte Blockperiodisierung dar (vgl. ebd., S. 94). Dabei geht es um die Bildung von Trainingsblöcken innerhalb der einzelnen Perioden. Das Ziel der Blockbildung be-steht darin, schwerpunktmäßig relevante Leistungsvoraussetzungen (konditionelle, koordinative, technische) zeitlich konzentriert zu trainieren und dadurch ein höheres Ausprägungsniveau zu erreichen (vgl. ebd., S. 94). Verchoshanskij, der Begründer der Blockperiodisierung, sah vor, akzentuiert Schwerpunkte über unterschiedlich lange Zeiträume von sechs bis zwölf Wochen zu setzen, bei entsprechender Ver-nachlässigung – aber nicht Absetzung – anderer Trainingsinhalte (vgl. Steinhöfer, 2008, S. 360). Durch die Blockstruktur sollte eine höhere Adaptation sowohl im Ver-lauf eines Trainingsjahres als auch langfristig in mehreren aufeinanderfolgenden Trainingsjahren ermöglicht werden (vgl. ebd.). Die Grundlage für Verchoshanskijs Überlegungen bildete der langfristig verzögerte Trainingseffekt, der nach einem ak-zentuierten Blocktraining von zwei bis acht Wochen erst mehrere Wochen später die höchsten adaptiven Veränderungen hervorbringen soll (vgl. ebd.). Eine wichtige Vo-raussetzung derartiger Blocksetzungen ist eine gute athletische Basis, die solch ak-zentuierte Belastungen erst ermöglicht (vgl. ebd.).
Im Vergleich zur klassischen Periodisierung nach Matwejew bringt die Blockperiodi-sierung folgende Neuerungen mit sich:

- Belastungsintensität und –umfang werden weiterhin abwechselnd wellenför-mig erhöht und reduziert, jedoch auf einem kontinuierlich höheren Niveau.
- Die extrem großen Unterschiede in Bezug auf die Umfangs- und Intensitäts-belastungen innerhalb der Vorbereitungs- und Wettkampfperioden bestehen nicht mehr. Daraus ergibt sich, dass sich die Verteilung allgemein-konditionel-ler und sportartspezifischer spezieller Trainingsinhalte einander annähert und damit die Dominanz des allgemeinen Trainings in der Vorbereitungsperiode sowie des speziellen Trainings in der Wettkampfperiode zurückgeführt wer-den.
- Zusätzlich zur Übergangsperiode mit vorrangiger Erholungsfunktion gibt es zwei weitere vorbeugende Intervalle, in denen die Belastungen präventiv-re-habilitativen Zielsetzungen angepasst werden können (vgl. ebd.).

Das klassische Periodisierungsmodell nach Matwejew gilt heute als überholt (vgl. ebd., S. 363). In vielen Sportarten ist eine lange Vorbereitungsphase nach den alten Vorstellungen von Matwejew nicht möglich, da der Wettkampfkalender dies nicht erlaubt (vgl. Olivier et al., 2008, S. 76). Darüber hinaus lässt sich sein Konzept nicht adäquat auf Mannschaftssportarten übertragen, da deren Wettkampfperioden zeitlich sehr ausgedehnt sind (vgl. Steinhöfer, 2008, S. 362). Für Mannschaftssportarten wird in der sportwissenschaftlichen Literatur eine Doppel- oder Mehrfachperiodisierung empfohlen (vgl. Weineck, 2010, S. 92; Steinhöfer, 2008, S. 363; Olivier et al., 2008, S. 74). Darüber hinaus schlägt Steinhöfer vor, insbesondere auf hohem Leistungsniveau, wichtige Leistungsgrundlagen schwerpunktmäßig in Blöcken anzusteuern während andere Trainingsinhalte nicht abgesetzt, sondern lediglich geringer gewichtet werden (vgl. Steinhöfer, 2008, S. 367). Folglich erfolgt im weiteren Verlauf dieser Arbeit eine Trainingsplanung nach der Blockperiodisierung.

3.2 Trainingsplanung für eine 8-wöchige Vorbereitungsperiode

Für die Trainingsplanung der 8-wöchigen Saisonvorbereitung im professionellen Männerhandball wurde die Blockstruktur gewählt. Die vorgenommene Blockperiodisierung sieht vor, in den ersten 3 Wochen akzentuiert die Ausdauer, in den darauffolgenden 5 Wochen schwerpunktmäßig die Kraft zu trainieren. Die Aufteilung zugunsten der Kraft wurde deshalb gewählt, da die Kraftkomponente eine größere Rolle im Handball spielt als die Ausdauer. Der Grund hierfür liegt zum einen an der im Vergleich zu Fußball beispielsweise niedrigeren Spielzeit und kleineren Spielfläche und zum anderen an der Möglichkeit, jederzeit beliebig viele Auswechslungen durchführen zu können. Die Kraft hingegen wird für diverse Spielaktionen wie Zweikämpfe, Sprünge, Würfe, Blocks etc. benötigt. Im Ausdauerblock wird vorwiegend die Grundlagenausdauer trainiert.

Der Kraftblock beinhaltet Trainingseinheiten zu den Parametern Kraftausdauer, Hypertrophie, Maximalkraft, Schnellkraft, Explosivkraft und Reaktivkraft. In Anlehnung an Kapitel 3.1 werden im Rahmen der Saisonvorbereitung weitere Trainingsinhalte, die nicht in den Blöcken Ausdauer und Kraft angesteuert werden, ebenfalls trainiert. Hierzu gehören u. a. Beweglichkeit, Koordination, Sprint, Technik und Taktik. Somit wird in der gesamten Vorbereitungsperiode sowohl allgemeines als auch spezifisches Training durchgeführt.

Unabhängig von dem Ziel einer jeden Trainingseinheit wird möglichst immer auch mit Ball trainiert. Das bedeutet, dass beispielsweise in der Trainingseinheit „Sprint" auch mit Ball gesprintet wird und Torabschlüsse im Anschluss an Sprints abgegeben werden. Entsprechend wird der Ball in anderen Trainingsschwerpunkten mit eingesetzt. Auf diese Weise kommen die Spieler nicht ausschließlich im Technik & Taktik-Training mit dem Spielgerät in Berührung, sodass man sich nach der Übergangsperiode früh an das Spiel mit dem Ball gewöhnen kann. Kleinere Spiele mit Ball lassen sich auch als Warm-Up oder Cool-Down im Rahmen einer Trainingseinheit integrieren.

Der Belastungsumfang steigt kontinuierlich mit Beginn der Vorbereitung und nimmt vor dem Saisonstart wieder ab. Die Belastungsintensität hat ebenfalls einen steigenden Verlauf, allerdings bei niedrigerem Anfangsniveau. Zum Start der Wettkampfperiode erreicht die Intensität den höchsten Punkt.

Bei der Saisonvorbereitung werden außerdem die beiden Spielerpositionen berücksichtigt. Rückraumspieler trainieren größere Umfänge im Bereich Kraft. Die Außenspieler dagegen haben höhere Umfänge in den Trainingsparametern der Sprintschnelligkeit und der Sprintausdauer. Die unterschiedliche Trainingsgestaltung auf diesen Positionen wird vorgenommen, um den Anforderungsprofilen dieser voneinander abweichenden Positionen gerecht zu werden. Der Schwerpunkt für die Rückraumspieler liegt im Bereich des Krafttrainings, da sie viele Zweikämpfe führen und häufig Torwürfe abgeben. Aufgrund der vielen Zweikampfsituationen ist eine kräftige Statur für Rückraumspieler von Vorteil. Für Außenspieler hingegen steht die Schnelligkeit im Vordergrund, da die Außen sehr oft ins Tempospiel eingebunden sind und die meisten Sprints absolvieren.

Zwar haben Rückraumspieler einen Schwerpunkt im Bereich des Krafttrainings und Außenspieler im Bereich der Schnelligkeit, jedoch trainieren auch die Außenspieler im Kraftbereich und die Rückraumspieler im Schnelligkeitsbereich, da diese Parameter auf beiden Positionen wichtig sind. Denn auch Außenspieler müssen gelegentlich Zweikämpfe führen, und auch Rückraumspieler sind mitunter an Tempogegenstößen beteiligt.

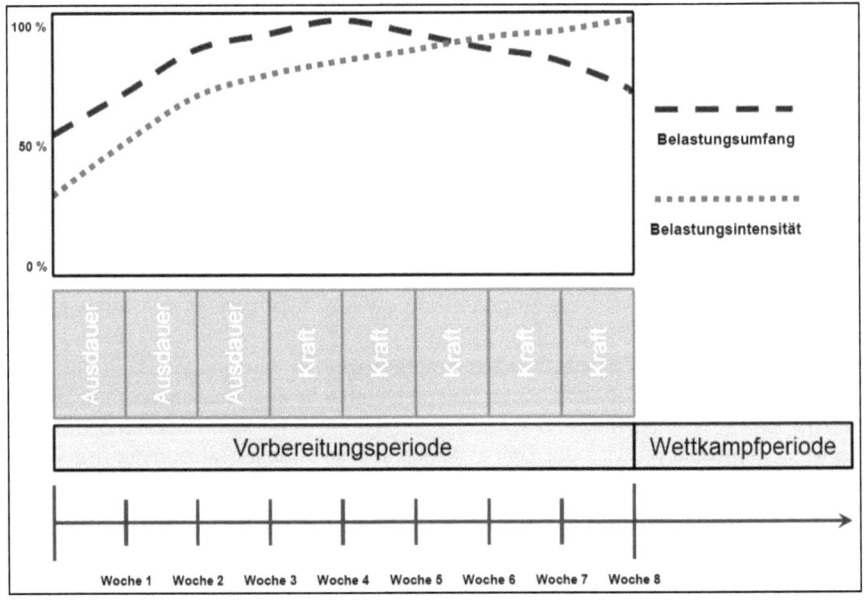

Abb. 1: Vorbereitungsperiode im professionellen Männer-Handball nach der Blockperiodisierung

13

3.3 Trainingswoche in der Saisonvorbereitung

Tab. 7 zeigt eine Übersicht über die 3. Trainingswoche in der Vorbereitungsperiode. Somit fällt dieser Wochenplan in den Ausdauerblock. Ein Teil der Trainingseinheiten wird mit der gesamten Mannschaft absolviert. Hinzu kommen weitere Einheiten, in denen positionsspezifisch trainiert werden. Hierbei werden die genauen Anforderungsprofile der Rückraum- und Außenspieler berücksichtigt und das Training entsprechend gestaltet.

Innerhalb des Ausdauerblocks wird die Grundlagenausdauer in vier Trainingseinheiten angesteuert. Je zwei Trainingseinheiten beinhalten Läufe nach der Dauermethode mit geringer Intensität. In zwei weiteren Trainingseinheiten stehen Intervallläufe auf dem Programm. Dabei werden 3 Runden über eine 2 km Strecke gelaufen. Alle Runden werden in unterschiedlichem Tempo im aeroben Bereich absolviert. Zwischen den Runden werden Mobilisationsübungen durchgeführt. Die Grundlagenausdauer dient in erster Linie der Regenerationsfähigkeit und ist daher Bestandteil für alle Spieler.

Obwohl der Schwerpunkt in der 3. Woche der Vorbereitung auf der Grundlagenausdauer liegt, kommen weitere Trainingsinhalte aus den Bereichen Kraft, Koordination, Beweglichkeit, Schnelligkeit, Technik und Taktik hinzu.

In Bezug auf das Krafttraining werden die Kraftarten Kraftausdauer, Hypertrophie und Schnellkraftausdauer trainiert. Die Kraftausdauer wird trainiert, da sich Kraftleistungen wie Würfe oder Sprünge häufig im Spiel wiederholen. Durch das Training der Kraftausdauer kann die Regenerationsfähigkeit zwischen den Kraftleistungen verbessert werden. Das Hypertrophietraining dient der Steigerung der Muskelmasse. Spieler mit einem hohen Anteil an Muskelmasse sind beispielsweise robuster in Zweikampfsituationen. Trainingseinheiten zur Schnellkraftausdauer verbessern die Fähigkeit, sich nach schnellkräftigen Bewegungen, wie zum Beispiel nach Torabschlüssen oder Sprüngen, zu erholen. Die Maximalkraft stellt die Grundlage für alle Kraftarten dar. Dementsprechend führt das Maximalkrafttraining zur Verbesserung aller Erscheinungsformen der Kraft. Aufgrund ihres Anforderungsprofils wird das Krafttraining häufiger von Rückraumspielern ausgeführt, da sie öfter springen und werfen sowie ebenfalls häufiger in Zweikämpfen verwickelt sind.

Außenspieler hingegen werden häufig in Tempogegenstößen angespielt. Sie benötigen eine gut ausgeprägte Sprintausdauer, um sich zwischen den Sprints regenerieren zu können. Darüber hinaus ist ein entsprechendes Training erforderlich, um ihre Sprintschnelligkeit auf hohes Niveau zu bringen und dort zu halten.

Zusätzlich zu den Trainingseinheiten wird in der 3. Trainingswoche ein Freundschaftsspiel gegen eine Mannschaft auf niedrigerem Leistungsniveau absolviert, um die Spieler nach der Übergangsperiode wieder an die Wettkampfsituation zu gewöhnen.

Tab. 7: 3. Trainingswoche in der Saisonvorbereitung

Trainingstag	Vormittag	Nachmittag
Montag	Grundlagenausdauer	Kraftausdauer
Dienstag	Grundlagenausdauer	Technik und Taktik
Mittwoch	Grundlagenausdauer	Außen: Sprintausdauer Rückraum: Hypertrophie
Donnerstag	Außen: Kraftausdauer Rückraum: Schnellkraftausdauer	Technik und Taktik
Freitag	Grundlagenausdauer	Außen: Sprint Rückraum: Maximalkraft
Samstag	Koordination, Beweglichkeit	Testspiel gegen Zweitligamannschaft
Sonntag	Frei	Frei

3.4 Trainingseinheit

Eine beispielhafte Trainingseinheit in der 3. Woche der Vorbereitungsperiode ist in Tab. 8 dargestellt. Der Schwerpunkt liegt dabei auf Hypertrophie. Während sich der Hauptteil ausschließlich an Rückraumspieler richtet, werden das Spiel „10er Ball" in der Aufwärmphase und das Cool-Down mit der gesamten Mannschaft absolviert. Die Mobilisation in der Aufwärmphase dient der Vorbereitung auf die Belastungen im Hauptteil. Für Außenspieler werden ihrem Anforderungsprofil und Trainingsplan entsprechend andere Übungen gewählt.

Das Aufwärmspiel soll das Herz-Kreislauf-System und die Muskulatur aktivieren. Im Hauptteil werden verschiedene Übungen durchgeführt während dabei möglichst viele Muskelgruppen trainiert werden. Zur Stärkung der Beinkraft werden Kniebeugen mit einer Langhantel ausgeführt und an der Beinpresse trainiert. Die Beinkraft ist im Handball für diverse Bewegungen und Aktionen (z. B. Sprünge oder Richtungswechsel) von Bedeutung. Übungen für die Rückenmuskulatur (Klimmzüge und Standrudern) werden gewählt, um die Rumpfkraft, die insbesondere in Zweikampfsituationen eine wichtige Rolle spielt, zu erhöhen. Brust- und Schulterübungen sind vor allem für die Wurfkraft wichtig. Entsprechende Übungen sind Bankdrücken, Liegestütze und Schulterdrücken. Die einzelnen Übungen werden mit einer Intensität von 85 % des One Repetition Maximum (1 RM) durchgeführt. Dabei liegt die Satzzahl zwischen 3 und 5 Sätzen. Pro Satz werden 8 bis 12 Wiederholungen ausgeführt. Zwischen den Sätzen wird eine Pause von 2 Minuten eingelegt.

In der Cool-Down-Phase werden 7 m-Würfe auf das Tor abgegeben. Abschließend werden Übungen mit der Blackroll durchgeführt.

Tab. 8: *Hypertrophie-Trainingseinheit*

Aufwärmen	Hauptteil	Cool-Down
Mobilisationsübungen (10 – 15 Min):	**Hypertrophie: (45 – 60 Min):**	**7 m-Würfe: (5 – 10 Min)**
		Übungen mit der Blackroll: (10
– Pflug	– Kniebeuge mit Gewicht	**Min)**
– Drehsitz	– Beinpresse	
– Ausfallschritt mit Rotation	– Klimmzüge	
im Oberkörper	– Standrudern	
– Dynamischer Front- und	– Bankdrücken	
Seitstütz	– Liegestütze	
– Dynamische Standwaage	– Schulterdrücken	
– Innen- und Außenrotation		
der Schulter	– 3 – 5 Sätze	
– Raupe	– 8 – 12 Wiederholungen	
	– 2 Min. Pause	
10er Ball: (10 Min)	– Intensität: 85 % 1RM	

4   Fazit

Im Rahmen dieser Arbeit wurden die Spielpositionen Rückraum und Außen im Männer-Handball der höchsten Leistungsklasse einander gegenübergestellt. Dabei
konnte gezeigt werden, dass sich Rückraum- und Außenspieler sowohl anthropo-
metrisch als auch in Bezug auf die Belastungsstruktur teilweise signifikant voneinander unterscheiden. Rückraumspieler sind im Durchschnitt groß und kräftig, führen
viele Zweikämpfe und werfen häufig auf das gegnerische Tor. Außenspieler hingegen sind kleiner und leichter als Rückraumspieler, absolvieren jedoch die meisten
und längsten Sprints pro Spiel.

Die unterschiedlichen Anforderungsprofile der beiden Spielpositionen legen nahe,
das Training entsprechend zu gestalten. Dabei bietet sich an, grundlegendes und
allgemeines Training, welches auf allen Positionen relevant ist, mit der gesamten
Mannschaft durchzuführen. Eine sinnvolle Ergänzung stellt ein spezielles, positions-
spezifisches Training dar, welches genau auf die Anforderungen an die jeweilige Position angepasst ist. Auf diese Weise lassen sich die individuelle Leistungsfähigkeit
auf den einzelnen Positionen und damit auch die Mannschaftsleistung optimieren.
Insbesondere auf höchster Leistungsebene ist ergänzendes Positionstraining eine
wichtige Grundlage für den Erfolg im Wettkampf.

5   Literatur

Cardinale, M., Whiteley, R., Hosny, A. A. & Popovic, N. (2017). Activity profiles and positional differences of handball players during the World Championships in Qatar 2015. *International Journal of Sports Physiology and Performance, 12* (7), 908-915.

Deutscher Handballbund (DHB) (2009). *Rahmentrainingskonzeption des Deutschen Handballbundes für die Ausbildung und Förderung von Nachwuchsspielern.* Münster: Philippka-Sportverlag.

Gorostiaga, E. M., Granados, C., Ibáñez, J. & Izquierdo, M. (2005) Differences in physical fitness and throwing velocity among elite and amateur male handball players. *International Journal of Sports Medicine, 26,* 225-232.

Hasan, A. A. A., Rahaman, J. A., Cable, N. T. & Reilly, T. (2007). Anthropometric profile of elite male handball players in Asia. *Biology of Sport, 24* (1), 3-12.

Hottenrott, K. & Seidel, I. (2017). Grundlagen sportlichen Trainings und sportlicher Leistung. In K. Hottenrott & I. Seidel (Hrsg.), *Handbuch Trainingswissenschaft – Trainingslehre* (S. 77-101). Schorndorf: Hofmann.

Karcher, C. & Buchheit, M. (2014). On-court demands of elite handball, with special reference to playing positions. *Sports Medicine, 44* (6), 797-814.

Krüger, K., Pilat, C., Tirekoglou, P., Frech, T. & Mooren, F. C. (2016). Positions- und Spielklassenspezifität anthropometrischer und konditioneller Faktoren im Männerhandball. *Deutsche Zeitschrift für Sportmedizin, 67* (6), 144-149.

Lidor, R., Falk, B., Arnon, M., Cohen, Y., Segal, G. & Lander, Y. (2005) Measurement of talent in team handball: the questionable use of motor and physical tests. *Journal of Strength Conditioning Research, 19* (2), 318-325.

Michalsik, L. B. (2018). On-Court Physical Demands and Physiological Aspects in Elite Team Handball. In: L. Laver, P. Landreau, R. Seil & N. Popovic (Hrsg.), *Handball Sports Medicine* (S. 15-33). Berlin: Springer.

Michalsik, L. B. & Aagaard, P. (2015). Physical demands in elite team handball: comparisons between male and female players. *The Journal of Sports Medicine and Physical Fitness, 55* (9), 878-891.

Michalsik L.B., Aagaard P. & Madsen K. (2011). Match performance and physical capacity of male elite team handball players. In F. Taborsky (Hrsg.), *Science and Analytical Expertise in Handball (Scientific and Practical Approaches) – EHF Scientific Conference 18-19 November 2011* (S. 168-173). Wien: Ohne Verlag..

Michalsik, L. B., Aagaard, P. & Madsen, K. (2013). Locomotion Characteristics and Match-Induced Impairments in Physical Performance in Male Elite Team Handball Players. *International Journal of Sports Medicine, 34,* 590-599.

Milanović, L., Vuleta, D. & Vučetić, V. (2015). Differences in aerobic and anaerobic parameters between handball players on different playing positions. *Acta Kinesiologica, 9* (2), 77-82.

Nikolaidis, P. T. & Ingebrigtsen, J. (2013). Physical and physiological characteristics of elite male handball players from teams with a different ranking. *Journal of Human Kinetics, 38,* 115-124.

Nowak, M., Pabst, J., Pfänder, J. & Büsch, D. (2013). Talentsichtung und -entwicklung im Deutschen Handballbund aus Trainersicht. Zeitschrift für Angewandte Trainingswissenschaft, *20/21,* 224-240.

Olivier, N. Marschall, F. & Büsch, D. (2008). *Grundlagen der Trainingswissenschaft und –lehre.* Schorndorf: Hofmann.

Póvoas, S. C. A., Ascensão, A. A. M. R., Magalhães, J., Seabra, A. F. T., Krustrup, P., Soares, J. M. C., & Rebelo, A. N. C. (2014). Analysis of fatigue development during elite male handball matches. *Journal of Strength and Conditioning Research, 28,* 2640–2648.

Póvoas, S. C., Seabra, A. F., Ascensao, A. A., Magalhaes, J., Soares, J. M. & Rebelo, A. N. (2012). Physical and physiological demands of elite team handball. *Journal of Strength and Conditioning Research, 26* (12), 3366-3376.

Steinhöfer, D. (2008). *Athletiktraining im Sportspiel. Theorie und Praxis zu Kondition, Koordination und Trainingssteuerung.* Münster: Philippka-Sportverlag.

Weber, J. (2014). *Untersuchung des Zusammenhanges zwischen Positionsspezialisierung und Leistung im Handballsport.* Dissertation, Christian-Albrechts-Universität zu Kiel.

Ziv, G. & Lidor, R. (2009). Physical characteristics, physiological attributes, and on-court performances of handball players: A review. *European Journal of Sport Science, 9* (6). 375-386.

Weineck, J. (2010). *Optimales Training. Leistungsphysiologische Trainingslehre unter besonderer Berücksichtigung des Kinder- und Jugendtrainings* (16. Aufl.). Balingen: Spitta-Verlag.